SYLVAIN CHARRON

Jésus 2005

Et s'il revenait chez nous aujourd'hui...
Comment l'accueillerions-nous?

ÉVANGÉLISATION
2000
ÉDITION CATHOLIQUE

ÉVANGÉLISATION

ÉDITION CATHOLIQUE

C.P. 965
Succursale Place d'Armes,
Montréal (Québec) Canada H2Y 3J4
Téléphone : (514) 523-4433

Produit pour Évangélisation 2000
par Édimag inc.

www.evangelisation2000.org

Illustration : Michel Poirier
Infographie : Projet Bleu
Correction : Sœur Claire Le Houx, sp.

Dépôt légal : deuxième trimestre 2005
Bibliothèque nationale du Québec
Bibliothèque nationale du Canada

Québec 🌺🌺

L'éditeur bénéficie du soutien de la Société de développement des entreprises culturelles du Québec pour son programme d'édition.

Du même auteur :

Les anges tels que présentés dans la Bible
© Primo, 1995

Les anges messagers de Dieu
© Primo, 1995

Tel que je suis maintenant
© Évangélisation 2000, 1998

Demandez et vous recevrez — le livre
© Évangélisation 2000, 1999

Les Dix Commandements
© Évangélisation 2000, 2000

Ma rencontre avec l'Abbé Pierre
© Évangélisation 2000, 2001

La décision de croire
© Évangélisation 2000, 2002

Chemin de croix
© Évangélisation 2000, 2002

Le Rosaire
© Évangélisation 2000, 2002

Pourquoi je suis toujours catholique
© Évangélisation 2000, 2003

Tel que je suis, je viens à toi !
© Évangélisation 2000, 2003

Prier c'est si simple
© Évangélisation 2000, 2004

Jésus parmi nous

Au commencement des temps,

Dieu a fait naître l'homme du chaos

et l'univers a été sa demeure.

Mais, l'homme s'est écarté de Dieu

et il a introduit le chaos dans sa propre maison.

Dieu attend que les hommes mettent de l'ordre

et chasse le chaos.

Pour leur indiquer le chemin,

Dieu a envoyé Jésus, son Fils.

Introduction

Quelques jours après l'épouvantable drame, le monde entier était encore en état de choc. Dans toute l'Indonésie, les morts se comptaient par centaines de milliers et les survivants étaient désespérés. Heureusement, les secours arrivaient de partout. Par avions, des vivres, du matériel, des vêtements, de l'équipement étaient acheminés vers les régions les plus touchées. Le terrible tremblement de terre avait complètement dévasté des centaines de kilomètres de côte.

Sur la piste d'atterrissage d'un petit aéroport, un homme descendait d'un avion gouvernemental affrété spécialement pour le transport de médicaments. Un premier ministre nouvellement élu était aussi dans le même appareil, mais avec sa délégation, il se dirigeait dans une autre direction.

L'homme avait environ trente ans, ses cheveux étaient châtain clair, son regard tendre et profond ne pouvait laisser indifférents ceux qui le croisaient.

Des journalistes avaient entendu parler de lui. Ils avaient su qu'il viendrait pour apporter de l'aide et surtout pour le soutien spirituel des victimes. Mais, comment demeurer discrets, lorsqu'on dit de vous que vous êtes le Messie revenu sur terre.

— C'est Lui. Il est là-bas, chuchote une jeune femme à son caméraman, pour ne pas alerter les représentants des autres médias regroupés près d'eux.

Depuis deux jours, on savait que l'homme viendrait. Personne ne savait comment et quand il arriverait, mais on savait qu'il viendrait. Sa renommée était maintenant très grande. Quelques équipes de journalistes s'étaient présentées à ce petit aéroport, car des informateurs avaient averti que c'était le lieu choisi. On disait aussi que l'homme voulait passer inaperçu.

Véronique Blais, la journaliste, ne voulait pas rater cette occasion. Depuis toujours, elle cherchait l'affrontement avec les gens de foi. Cette journaliste de grande réputation avait fait sa renommée en pourchassant et en dénonçant ceux qui parlaient au nom de Dieu. Véronique se disait athée jusque dans les cellules de son corps. Elle se disait déçue par la foi et encore plus, par ceux qui parlaient au nom de Dieu.

Depuis quelques semaines, elle entendait bien des choses concernant cet homme au charisme extraordinaire et que l'on disait si simple. Il serait le Messie revenu sur terre pour sauver l'humanité. Elle en avait connus plusieurs qui se croyaient investis d'une mission divine, des gens de droite qui, en réalité, n'avaient que peu de compassion et d'amour à offrir. Celui-là non plus, elle n'allait pas le rater. Se prétendre le Messie, ça dépassait les bornes. Des gens qui se prennent pour des messagers de Dieu sans avoir une véritable dimension spirituelle, elle en avait rencontrés.

De toute façon, elle ne pouvait tout simplement pas croire en Dieu. Comment Dieu pourrait-il exister et accepter un monde aussi cruel et imparfait? Cet homme qui prétendait être Jésus, elle le passerait dans sa moulinette, lui aussi.

— Viens, il arrive, souffle-t-elle en tirant son collègue cameraman.

— Eh! Vous là-bas, lance-t-elle de loin à l'homme qui marchait maintenant vers la limite des pistes d'atterrisage, là où les marchandises et les médicaments étaient déposés avant d'être entreposés.

Au cri de la jeune journaliste, les autres représentants des médias avaient réagi et s'élançaient
eux aussi vers celui que l'on attendait pour diverses
raisons.

Certains journalistes voulaient le rencontrer pour
voir en chair et en os un homme dont la renommée
s'étendait maintenant aux quatre coins du monde
sans avoir eu recours à aucun support médiatique.
« Un Sauveur », disait-on. D'autres souhaitaient voir
des miracles s'accomplir. Mais, tous désiraient
constater de leurs propres yeux, ce qu'il en était
véritablement de cet homme, de ce qu'il avait fait
et dit depuis quelques années.

Véronique s'approche et son regard croise les
yeux de l'homme. Elle s'élançait telle une bagar-
reuse prête à pourfendre et à répliquer. Elle ne s'en
laisserait pas imposer.

Elle sentit plutôt dans ce regard clair, une formi-
dable et sincère attention portée sur sa personne.
Un frisson parcourt tout son corps et aucun son
ne peut sortir de sa bouche. Le seul regard de cet
homme avait suffi à la bouleverser. Elle qui n'était
jamais à court d'arguments, elle qui s'était promis
d'épingler ce personnage et de pourfendre ses

prétentions. Là, elle était incapable de réagir. Ce regard rempli d'amour, de compassion et de compréhension la laissait bouche bée.

Ce sont les autres journalistes, arrivés sur les talons de la jeune femme, qui s'empressent de poser leurs questions.

— Monsieur, on vous appelle Jésus, on dit que vous êtes revenu sur terre pour sauver à nouveau l'humanité du péché. Qui êtes-vous en réalité?

— Si vous êtes véritablement Jésus, que pensez-vous de toute cette destruction et de tous ces morts? Que faisait Dieu ces derniers jours? Est-ce Lui qui a voulu tout cela? Pourquoi faire mourir des enfants innocents?

Il y avait une pointe d'ironie dans ces questions, mais celui que l'on appelait Jésus restait imperturbable et tout à fait serein au milieu de la troupe de journalistes et de cameramen.

— Écoutez-moi tous, lance-t-il assez fort pour dominer le tumulte des questions. Je suis le fils de Dieu. Je suis venu sur terre pour vous rappeler la véritable Parole de Dieu.

Les voix se calment rapidement.

— Vous me demandez ce que faisait Dieu pendant que le malheur s'abattait sur ces populations durement touchées par le tremblement de terre ? Nul ne connaît la véritable raison derrière ce qui arrive. Nul ne peut vraiment comprendre les desseins de mon Père. Mais, il ne faut pas oublier que Dieu a donné la liberté à ses enfants et pour que cette liberté ait un sens, il a aussi créé un univers physique pour que cette liberté puisse s'exercer. Ce monde physique est tout autour de vous et il doit avoir ses propres lois pour fonctionner. C'est une grande mécanique et comme pour toute mécanique, il y a des soubresauts, des secousses. Si votre enfant se blesse en tombant du lit que vous lui avez fabriqué, ce n'est pas vous qui aurez causé sa chute. Ces événements sont remplis d'enseignement, malgré la douleur qu'ils causent. L'enfant qui tombe de son lit apprendra de sa chute s'il ne rend pas son père responsable de ce qui lui arrive.

— Jésus, Jésus, intervient un journaliste debout, tout près, comment savoir que vous êtes vraiment Jésus ? Quelle preuve pouvez-vous donner pour que nous croyions ce que vous nous dites ?

— Je n'ai pas de preuve à fournir. La preuve est en vous-même. Votre propre foi, dans l'intimité de votre âme, sera la preuve que vous attendez.

Jésus s'apprêtait à repartir dans la direction d'un entrepôt de marchandises. Il fend la foule des journalistes et il s'arrête net devant Véronique Blais toujours prostrée.

— Tu as tant à donner et tu as si peu reçu, lui dit Jésus. Ton cœur est pur, mais tu as élevé des remparts pour éviter de souffrir. Tu as été blessée à maintes occasions et tu ne veux plus souffrir. Maintenant, repose-toi, tu n'as plus besoin de te battre, car Dieu est en toi et Sa seule présence guérira tes blessures. Tu n'as plus besoin de te défendre, car Dieu sera ton rempart. Va et répands l'amour autour de toi, car un trésor inestimable habite ton cœur. Tu as le pouvoir de comprendre l'être humain et de lui apporter réconfort. Sers-toi de ce don.

Cet échange n'avait pas duré plus d'une minute. Véronique s'était sentie aspirée de l'intérieur par Jésus et tout s'était déroulé comme dans un autre lieu. Pendant que Jésus lui avait adressé la parole, elle avait été submergée par des souvenirs de son enfance qui avaient été projetés dans l'air, tout autour d'elle. La vision l'avait laissée transie d'émotion.

Véronique avait toujours été portée à l'entraide et au don de soi, mais sa vie familiale avait été très difficile. Sa mère lui avait répété inlassablement qu'elle était une enfant difficile à élever, qu'elle ne savait pas bien se comporter. Du plus loin qu'elle se rappelait, Véronique avait le souvenir de sa mère qui la faisait se sentir inférieure aux autres. Pourtant sa mère était très pieuse. Elle allait à l'église tous les dimanches et elle lisait la Bible régulièrement. Elle parlait de l'importance de l'amour envers son prochain. Mais, la petite Véronique n'obtenait pas d'affection de la part de sa mère. Elle était froide. Véronique avait ainsi peu à peu développé une aversion pour la foi.

— Pardonne à ceux qui t'ont fait souffrir, car ils souffraient eux aussi et ils ne comprenaient pas ce qu'ils faisaient, acheva Jésus.

Véronique reste là, les bras ballants, les larmes aux yeux, alors que Jésus continuait son chemin toujours entouré par les journalistes. André, le

collègue caméraman de Véronique, tente de la faire réagir. Elle ne bougeait pas. Tant pis, il allait continuer son travail sans elle.

Sans la connaître, Jésus avait vu dans le cœur de Véronique ce que personne n'avait perçu jusqu'à maintenant. Tout à coup, sans défense devant ce personnage, elle venait d'être touchée au plus profond de son âme. Une grande chaleur avait envahi son être et une paix indescriptible l'avait entourée et enveloppée comme l'eau chaude d'un bain apaisant.

— Jésus, que venez-vous faire ici ? questionnait encore un journaliste. Jésus, qu'allez-vous dire à tous ces gens dans le besoin ?

— Le premier véritable remède à la souffrance, c'est Dieu et son message. Si vous errez sur la route et que vous souffrez, n'allez-vous pas trouver réconfort si un être se présente à vous, vous ouvre les bras, vous étreint et vous dit : « Je suis ton véritable Père ». L'amour du Père ne vous protègera pas des affres de la vie, mais ceux qui souffrent marcheront dans la paix et la tranquillité. Lorsque le cœur et l'esprit sont en paix, n'est-il pas plus facile de reconstruire sa vie sur des bases solides ? Si un incendie détruit votre maison et tous vos biens et que votre esprit est submergé par la douleur et la colère, croyez-vous que vos voisins seront enthousiastes à vous venir en aide? Par contre, si vous avez la foi et que votre esprit est en paix, vous rayonnerez et votre énergie attirera le respect et l'aide affluera.

Cette rencontre entre Jésus et les journalistes a été l'une des premières transmises au niveau international. Ces échanges sur la piste d'atterrissage du petit aéroport indonésien ont fait la manchette de la plupart des grandes chaînes d'informations du monde. Des centaines de millions de personnes ont pu entendre les paroles de Jésus.

Dans une petite salle dont les fenêtres étaient dissimulées par de lourdes tentures rouges, un homme assis à un bureau venait de voir la scène à la télévision. Il s'adresse à son secrétaire.

— Je dois rencontrer cet homme.

— Sauf votre respect, je ne crois pas qu'il serait approprié de rencontrer ce personnage. Il se fait appeler Jésus et il se dit le Fils de Dieu. Que vous ayiez une rencontre avec lui, lui donnerait de la crédibilité et ça ne serait pas bon pour vous. Vous êtes l'autorité de l'Église et je ne crois pas qu'il soit bon que l'Église soit associée à ce jeune dont on ne connaît rien. Sinon qu'il a fait de la prison et qu'il fait la promotion d'idées qui ne correspondent pas toujours avec ce que dit le Vatican.

— Je comprends votre réticence, mais je le rencontrerai tout de même. Réfléchissez un peu, si c'était Lui. Si c'était vraiment le Christ revenu sur terre. Je dois le rencontrer. Je dois savoir. L'humanité doit savoir. C'est un rendez-vous que nous ne pouvons pas rater. N'oublions pas que nous sommes les serviteurs de Dieu.

Le secrétaire a insisté tout de même encore, argumentant que cette rencontre pouvait avoir des conséquences dangereuses dont on ne pouvait mesure l'ampleur. Il dû se plier à la décision du Pape.

— D'accord, votre Sainteté. Je vous tiendrai au courant du résultat de nos démarches.

Chapitre premier

Les gens âgés

Deux ans avant les événements en Indonésie, Jésus vivait une vie paisible. Fils d'un entrepreneur en construction et d'une enseignante, il avait toujours été plus doué pour la philosophie que pour les travaux manuels. Le père aurait bien voulu voir son fils prendre les rênes de l'entreprise familiale, mais depuis longtemps, les parents avaient tous les deux constaté que Jésus était appelé vers autre chose.

Dès l'âge de six ans, le petit garçon suivait assidûment les cours de religion à l'école et à neuf ans, il n'hésitait pas à s'exprimer pour parler de Dieu et de la Bible lorsque les occasions se présentaient. Même si cela paraissait un peu vieux jeu pour certains, on disait qu'il deviendrait probablement prêtre.

Jésus, c'était le nom qui avait été choisi pour le garçon par sa grand-mère maternelle. C'était le nom que portait son mari, un immigrant péruvien mort prématurément.

On blaguait un peu autour de ce prénom. On disait que l'intérêt du petit pour la foi avait probablement été influencé par le prénom qui lui avait été donné.

Lorsque Jésus avait onze ans, sa grand-mère, avait décidé d'aller vivre dans un centre d'accueil, malgré les protestations de sa fille. La vieille dame de 90 ans avait décidé de laisser sa maison pour aller vivre au centre d'accueil afin de ne pas devenir une charge. Au centre d'accueil, les préposés et les pensionnaires étaient tous devenus ses amis et ça lui permettait de se sentir encore utile auprès de ceux qui en avaient besoin. Il y a tant de personnes âgées qui sont seules et qui n'ont pratiquement jamais de visite, même s'ils ont plusieurs enfants et petits-enfants. Quelle tristesse!

Jésus rendait visite à sa grand-mère, au moins une fois par semaine et il n'hésitait jamais à tenir compagnie à d'autres pensionnaires esseulés.

Un jour, alors que Jésus parlait avec une dame encore plus âgée que sa grand-mère, un de ses fils est arrivé.

— Bonjour, maman, dit-il en déposant un bouquet de fleurs magnifiques sur une petite table. Comment vas-tu?

Sans attendre la réponse de sa mère, le fils a continué à parler de la pluie, du soleil, de la saison estivale qui tardait à s'installer. Puis, il a fait un inventaire de son agenda chargé, de ses responsabilités qui augmentaient sur le plan professionnel. Pendant de longues minutes, il a fait aussi le résumé de ce qui l'occupait pendant ses loisirs.

Jésus, toujours assis au même endroit, n'avait pas eu droit à un seul regard de la part du fils « verbomoteur ».

— Je ne veux pas vous interrompre, monsieur, dit Jésus, mais savez-vous qui est cette femme assise devant vous ?

— Bien sûr que je le sais, fait l'homme avec une moue d'indignation et de surprise à la fois.

— Non, vous ne le savez pas, car si vous le saviez, vous sauriez que cette dame est seule et qu'elle souffre de solitude. Saviez-vous aussi que vous lui devez tout ce que vous avez en ce moment ? Cette femme s'est dépensée sans compter pour vous donner tout ce dont vous aviez besoin. Elle vous a tout donné et plus important encore, elle vous a donné la vie. J'en connais peut-être plus que vous sur votre propre mère.

Saviez-vous aussi que depuis une dizaine d'années, elle écrit ses pensées dans son journal personnel? Sur chacune des pages de ce journal, on retrouve le nom de ses enfants qu'elle chérit. Vous êtes au centre de ses préoccupations. Si vous vous donniez la peine de l'écouter, je suis certain qu'elle vous en lirait des passages. Vous découvririez qu'elle est une femme très sensible et très généreuse et qu'elle a maintenant besoin de la présence attentive de ses enfants pour pouvoir quitter ce monde, heureuse.

Jésus avait dit tout cela d'un seul trait. Le fils et la mère avaient les yeux remplis d'eau. Jésus se lève tranquillement pour laisser toute la place au rapprochement. Avant de quitter la petite pièce, il pose la main sur l'épaule du fils toujours assis. Il lui dit doucement: « Les enfants sont la plus grande richesse des parents. Vous le savez, car vous aussi vous avez des enfants. Les parents sont eux aussi la plus grande richesse des enfants. Ne laissez pas vos activités prendre la place de cette merveilleuse personne qui vous a donné la vie. On ne peut pas couper à un arbre ni ses branches, ni ses racines, sans le mettre en péril. »

Jésus s'est retiré.

Chapitre deuxième

La révélation

Jésus a reçu la révélation de sa mission à la fin de ses études. Dans un rêve, un ange lui est apparu et lui a annoncé qu'il était le véritable Jésus, le Christ, revenu sur terre pour remettre la parole de Dieu dans le cœur des hommes et des femmes et pour annoncer la venue prochaine du Royaume de Dieu sur la terre.

Au lever, Jésus était complètement submergé par un bonheur immense et par une joie qui éclairait toutes choses d'une Lumière nouvelle. Ce songe était si intense et confirmait ce qu'il savait depuis tant d'années. Une grâce tranquille irradiait de toute sa personne et cet état touchait profondément son entourage.

— J'ai vu le jour dans une famille magnifique et aimante, dit Jésus à sa mère. Maintenant, je dois vous quitter, car une autre famille m'attend et elle a besoin d'un message d'espoir. Mon rôle est d'aller vers les hommes pour les faire entrer à nouveau dans la Famille de Dieu.

La mère de Jésus n'a pas compris tout le sens de ces paroles, mais elle savait que son fils était guidé par cette grande piété qui l'habitait depuis sa plus tendre enfance. Dans son âme de mère, elle le savait depuis toujours.

Dès ce moment, Jésus a commencé à voyager et à rencontrer des gens de toutes les origines, de toutes les classes sociales pour leur parler de Dieu, de ses bienfaits et de son pardon.

— Tous ont une place à côté de Dieu, tous pourront entrer dans son Royaume et ils seront traités en fils et en filles de Dieu. Préparez-vous à sa venue, partagez vos biens avec ceux qui en ont moins. Regardez vos frères et vos sœurs avec votre cœur et agissez en accord avec les plus beaux principes de vie, comme les Commandements le prescrivent. Remerciez Dieu pour ce que vous avez, car c'est de Lui que provient tout ce que vous possédez. Ayez une foi sincère et tout ce qui vous entoure sera transfiguré par l'amour de Dieu. Dans votre entourage, parmi vos proches, soyez vous-même une source de joie. Il est venu le temps où tous les enfants de Dieu doivent agir pour la venue d'un monde meilleur. Je vous le dis, soyez une source de bien et le bien se répandra de par le monde. Je suis revenu pour vous rappeler que vous trouverez Dieu dans toutes les petites choses qui vous entourent ainsi que dans tous les gestes que vous accomplissez. Aimez vos parents, aimez vos enfants, aimez votre prochain et Dieu vous aimera et vous ouvrira les portes du paradis. Ne laissez pas les pauvres dans la pauvreté, ne laissez pas vos parents vieillissants dans la solitude, ne laissez pas vos enfants sans guide, ne laissez pas les exclus à votre porte sans leur répondre. Laissez la Lumière des lumières entrer en vous et inonder votre esprit jusque dans la plus petite cellule de votre corps.

Chapitre troisième

À la rencontre de marginaux

Les rues étaient sombres dans ce quartier lugubre. Les gens ne s'y côtoyaient pas comme des frères, mais plutôt comme des loups aux aguets.

— Que venons-nous faire ici ? demande Michel, le jeune homme costaud qui avait rencontré Jésus et qui l'accompagnait depuis quelques semaines.

— C'est ici que je trouverai ceux qui ont le plus besoin d'entendre parler de Dieu. Regarde autour de toi, tout est sombre. N'est-ce pas le lieu idéal pour faire jaillir la lumière ? L'obscurité n'a-t-elle pas plus besoin de lumière que là où le soleil brille déjà ?

— C'est certain, mais je ne suis pas très rassuré.

— Oublie tes craintes, car si tu les laisses envahir ton esprit, elles seront elles-mêmes sources de danger. Ne sois donc pas l'esclave de la peur, car elle t'enchaînera.

Michel, malgré sa carrure, ne faisait pas preuve du plus grand courage devant l'inconnu. Pourtant, il avait laissé un emploi intéressant pour suivre Jésus dans une aventure dont il ne mesurait pas toute l'ampleur. Plutôt fêtard, il avait été charmé par les paroles de paix de cet homme qui parlait de foi de façon si convaincante.

Le dos appuyé contre un mur, un peu plus loin sur le trottoir, une femme semblait attendre quelque chose ou quelqu'un.

— C'est une prostituée, avertit Michel. Dans ce quartier, les souteneurs ne sont jamais bien loin. Soyons prudents.

Jésus s'approche de la jeune femme et lui demande d'emblée si elle est heureuse. La question si directe fait sursauter la prostituée, mais le regard de Jésus était si immensément calme pour ceux qui y plongeaient que tout esprit agité y trouvait un repos presque instantanément. Le bleu de son regard agissait comme pouvait le faire un ciel sans nuage après une tempête soudaine. À moins de fermer son cœur hermétiquement, tous pouvaient y voir une chaleur et une sincérité sans jugement.

— Comme tout le monde, tu as envie que ton cœur vibre et connaisse la joie de s'envoler avec les ailes de l'amour. Tu as connu les déceptions et la froideur de ton entourage, tu t'es préservée en refroidissant toi-même ton cœur. Je ne suis pas ici devant toi pour t'exploiter ou pour te juger, mais pour te dire que de l'amour, il y en a aussi pour toi. Ne cherche plus à te dissimuler pour arrêter de souffrir, cherche plutôt à te montrer au grand jour, car seule la lumière peut guérir les plaies. Si tu as une blessure à la surface de ton corps, tu la désinfectes et tu l'exposes à la lumière pour qu'elle guérisse. Il en va de même pour les blessures de l'âme. Sors de cette vie pour désinfecter tes blessures et expose-toi à la Lumière de Dieu pour que la guérison s'accomplisse.

— Qu'est-ce que tu veux dire par « m'exposer à la lumière de Dieu » ? Il y a longtemps que je ne vais plus dans les églises. Il y a longtemps que je n'écoute plus les prêtres.

— Commence par sortir de ta vie actuelle et tranquillement, à ton rythme, recherche la compagnie des gens qui ne te jugeront pas. Expose-toi à la Parole de Dieu et à chaque jour, regarde autour de toi et souris aux gens. Prends une Bible et ouvre-la dans la foi. Lis-en un passage à chaque jour. Lorsque tu ne chercheras plus, ta main sera guidée vers des paroles qui te toucheront droit au cœur. Ne sois plus rebelle, car c'est contre toi que tu te rebelles et c'est toi-même qui te fais souffrir ainsi. Lorsque l'air est nauséabond, il ne sert à rien de retenir sa respiration, il faut changer de lieu. Alors, change ta vie et tu respireras l'Amour de Dieu.

Après quelques instants de discussion, un homme arrive et, de façon agressive, s'adresse à Jésus.

— Eh, toi ! Je t'observe depuis tout à l'heure. Si tu ne veux pas coucher avec elle, passe ton chemin. Tu la déranges.

— Tu devrais laisser cette femme parler elle-même de ce qu'elle souhaite ou ne souhaite pas. À moins que tu sois son guide. Ce qui me surprendrait. Comment un aveugle pourrait-il guider un autre aveugle ?

— Comment ! s'emporte le souteneur.

Michel fait un geste pour empêcher que l'homme ne bondisse sur celui qui semblait lui donner des leçons, mais Jésus a eu la parole plus rapide.

— Ne souhaiterais-tu pas être toi-même en mesure de décider de ce que tu souhaites faire ou ne pas faire ? N'as-tu pas un maître dont tu aimerais t'affranchir? Tu as besoin de drogue pour réussir à animer tes pensées et pour survivre jusqu'au lendemain. N'aimerais-tu pas au fond de ton être, pouvoir te lever demain et marcher sur la rue sans cette béquille qui devient de plus en plus encombrante à chaque jour qui passe? N'aimerais-tu pas que quelqu'un s'approche de toi et te dise que tu es capable d'accomplir des choses importantes? Personne n'a eu confiance en toi, jusqu'ici. C'est pour cela que tu n'as confiance en personne et c'est pour cela que tu te dis qu'il vaut mieux exploiter plutôt que d'être exploité. Baisse les bras et considère la vie comme un don et non plus comme un combat. Jusqu'ici, tu as donné ce que tu as reçu. Tu as exploité, alors que tu es toi-même exploité. Pourquoi en serait-il autrement si tu décidais d'aimer? Pourquoi ne serais-tu pas aimé en retour?

Ces questions en rafale ont stoppé net l'agresseur. Jamais quelqu'un n'avait lu en lui de façon aussi claire. Tout ce qu'il venait d'entendre, il le pensait lui-même sans vraiment le comprendre. Oui, il était épuisé de se battre. Oui, il souhaitait être aimé sincèrement.

— Dieu vous aime, continue Jésus. Le genre de vie que vous menez est exigeant. Si vous avez assez d'énergie pour vivre ainsi, ne pensez-vous pas avoir assez de force pour changer votre vie ?

Des gens s'étaient rassemblés autour du groupe pour former un attroupement d'une vingtaine de personnes. Au début, Michel, nerveux, avait tenté de le faire remarquer à Jésus pour mettre un terme à ce discours dans un endroit si peu engageant. Ceux qui se joignaient au groupe étaient des jeunes à l'apparence louche.

Jésus, emporté par son intervention, avait remarqué tardivement l'attroupement. Il s'adressait maintenant à tous.

— La plupart d'entre vous ne supportez pas de vous sentir soumis à une autorité. Vous vous rebellez contre la société et contre les lois. Il est vrai que vous n'avez pas été choyés durant votre existence. Vous avez souffert et vous avez réagi. Par cette rébellion, vous êtes devenus des exclus. J'ai moi-même été exclu et j'ai souffert. Je connais votre souffrance. Je sais aussi que si vous décidez de changer de vie, vous serez parmi ceux qui réussirez le mieux, car n'ayant eu plus rien entre vos mains, vous avez appris que rien ne vous appartient véritablement; ayant souffert d'être rejeté, vous regarderez les exclus avec compréhension et compassion; ayant reçu de vos compagnons d'infortune qui n'avaient presque rien eux-mêmes, vous n'hésiterez pas à donner le peu que vous aurez à ceux qui seront dans le besoin. Mais, n'allez surtout pas commettre l'erreur de devenir agressifs envers ceux qui sont plus riches que vous, car vous feriez une erreur. Vous jugeriez ainsi sévèrement comme on vous juge durement et vous ne vaudriez pas mieux que ceux que vous dénoncez.

Dans le groupe qui entourait Jésus, il y avait deux jeunes sans-abris arrivés en ville depuis quelques semaines et qui commettaient de petits vols pour pouvoir manger, pour payer leurs achats de drogues et pour être du party aussitôt que l'occasion se présentait.

— Tout ça, c'est un discours vide de sens. Pourquoi t'écouterait-on? Que cherches-tu au juste? Que veux-tu?

— Tu dis que mon discours est vide de sens. Qu'est-ce que tu as à dire toi-même qui ait du sens? Je ne demande pas mieux que d'entendre des choses sensées. Est-ce que ta vie a du sens ? En vivant sans but, sans direction, n'essaies-tu pas de fermer ta main sur le vent ? Tu plonges dans la vie comme dans une piscine, tête baissée, en profitant de tout ce qui passe et en ne donnant rien en retour. Tu essaies de refermer tes mains sur l'eau de la piscine pour la saisir. Mais, il ne reste entre tes doigts que du vide. Je vous invite à ouvrir les yeux sur ce que vous êtes : des êtres aux capacités incroyables, mais qui êtes égarés dans la souffrance. Si vous parvenez à trouver Dieu en vous, plus rien ne sera impossible et vous pourrez accomplir de grandes choses.

À peine ces paroles prononcées, un son de sirène déchire l'air anormalement chaud pour ce temps de l'année et des girophares aveuglent la petite troupe. Les silhouettes de trois policiers se découpent à contre-jour à l'entrée de la petite rue.

— Vite, enfuyez-vous, crie une voix dans le noir. C'est la police.

— Monsieur le juge, nous les avons trouvés en train de troubler l'ordre public.

— Qu'avez-vous à déclarer pour votre défense ? demande le juge. Vous avez refusé la présence d'un avocat pour vous représenter. Pourquoi ?

— Monsieur, nous n'avons pas besoin d'un avocat, car nous n'avons rien fait qui contrevienne aux lois. Nous n'avons pas troublé l'ordre public. Nous discutions avec un groupe de jeunes, il faisait nuit et si nous avons dérangé des gens, je m'en excuse.

— Dans le rapport des policiers, je lis que vous disiez à ces jeunes que vous les compreniez d'être révoltés, que ce n'était pas grave et ainsi de suite. Qu'ils pouvaient faire des choses importantes. Est-ce que vous les incitiez à la violence et à l'anarchie ?

— Bien au contraire. Ces jeunes sont rejetés de la société, vous êtes bien placé pour le savoir. Vous êtes juge. Ils n'ont pas d'objectif, ils errent dans les rues et commettent des méfaits surtout parce que le monde dans lequel ils vivent ne laisse pas de place aux démunis. L'être humain n'a pas beaucoup changé depuis deux milles ans. Les dirigeants, les politiciens ne regardent pas autour d'eux. Ils vivent en ne prêtant pas attention aux petits qui se retrouvent en marge. Si nous vivions selon les principes divins, nous partagerions équitablement ce que le ciel nous donne et vous, monsieur le juge, vous n'auriez plus de travail, car vous n'auriez plus personne à sentencer. La justice des hommes est bien imparfaite, car elle ne distingue pas ce que renferme vraiment le cœur des hommes. La justice de Dieu est parfaite, car rien ne lui échappe.

Le lendemain matin, dans les journaux, Jésus faisait parler de lui pour une première fois. « Un homme un peu fou, se dit le Fils de Dieu revenu sur terre et fait la leçon à un juge. Il a été condamné à un mois de prison pour outrage au tribunal ».

Un autre journal rapportait: « L'accusé a déclaré que la justice des hommes est comme une lampe faible que l'on tente de faire passer pour un phare. Il ne faut donc pas se surprendre, s'il y a tant de naufragés de nos jours. » Le journaliste continuait: « L'homme de race blanche dans la jeune trentaine n'a aucun casier judiciaire. Il a parlé de foi et de l'importance de la prière. Il semblait pourtant sain d'esprit. »

Devant la cellule où était gardé Jésus, un homme en uniforme se tenait debout, l'air impassible. Des voix étaient audibles, mais on ne pouvait distinguer les mots prononcés. Les conversations provenaient des autres cellules et les murs de béton leur faisaient obstacle.

— Que pensez-vous de Dieu? demande Jésus au gardien.

— Je ne peux vous parler, je suis votre gardien et j'ai reçu l'ordre de vous garder à l'œil.

— Pourquoi me garder à l'œil?

Après une hésitation, le jeune gardien continue en se rapprochant quelque peu des barreaux.

— On prévoit vous faire voir un psychiatre pour évaluer votre état mental. Je ne suis pas autorisé à vous le dire, mais je vous le dis tout de même.

— Merci.

— Qui êtes-vous donc? Êtes-vous un anarchiste, un écologiste, un manifestant professionnel? Vous savez, comme ceux que l'on voit à la télévision, lors des manifestations. Non, je ne crois pas, car vous parlez de la foi. Eux, les anarchistes, n'en parlent pas. Pour répondre à votre question, oui, je crois en Dieu, comme tout le monde. Mes parents sont catholiques et je suis pratiquant moi aussi. Vous savez, vous ne devriez pas parler trop souvent comment vous l'avez fait. Attirer l'attention sur soi, ce n'est pas trop bon ici. C'est sûr que vous aviez l'air pas mal illuminé en disant ça au juge. Mais si on vous fait du trouble ici, je peux m'occuper de vous. J'ai pas mal d'influence chez les autres gardiens et chez les détenus. Mais dites-moi, qui êtes-vous donc ? Vous vous appelez Jésus et vous me rappelez des images que j'ai à l'esprit lorsque mes parents me parlaient de Jésus.

— Je suis Jésus. Je suis revenu sur terre pour que les hommes retrouvent le chemin du Royaume de Dieu. Tu es de ceux qui ont besoin de la lumière. Dans cette prison, tu marchandes les droits de chacun, tu as de l'influence et tu en retires des privilèges. Tu as entendu que j'étais un peu particulier et tu es venu voir si tu pouvais obtenir quelques avantages de ma présence ici. Toi qui as tant pris des autres, n'as-tu pas envie de donner à présent ? Je suis devant toi pour t'apporter le pardon de mon Père. Si tu le veux, tu peux choisir une autre vie. Tu occupes un poste qui n'est pas très bien vu et ton comportement malhonnête a attiré sur toi les jugements négatifs autant des détenus que des autres gardiens. Moi, je ne te condamne pas et je t'offre l'occasion de te racheter.

Ému jusque dans le fond de son être par cet homme qui voit en lui comme dans un livre ouvert, le gardien est convaincu que l'homme en face de lui dit vrai. Le gardien s'approche plus près encore des barreaux, jusqu'à les toucher et il met un genou à terre en levant les yeux.

— Oui, je te crois. C'est de toi que viendra le pardon. Je ne sais pas pourquoi, mais je te crois sincèrement. Comment faire pour réparer les torts que j'ai pu causer. Crois-moi, je veux me racheter. Tu me parles comme si j'étais ton ami alors que personne ne veut plus m'adresser la parole. Le peu de respect que j'ai, c'est parce que j'ai acheté de la protection.

— Lève-toi, maintenant. Tu n'as pas à t'agenouiller devant moi, mais bien devant mon Père. Tu es sincère et je sais que tu agiras selon des valeurs chrétiennes. Tu ne dois parler de ce que je viens de te confier. L'heure n'est pas encore venue où je parlerai ouvertement à tous.

— Mais, il faut te faire sortir d'ici le plus tôt possible. Demande-moi d'aller parler au directeur de la prison pour le persuader de ton innocence et je le ferai sur le champ.

— Ne fais rien pour moi. Je ne suis pas ici par l'effet du hasard. Il y a dans les murs de cette prison des gens qui sont dans le besoin et qui nécessitent du réconfort. Ils ont besoin de lumière, car ils marchent dans la noirceur.

Le lendemain, dans les espaces communs de la prison, Jésus attirait les regards des autres prisonniers. Tout se sait en prison et on savait ce qu'il avait dit au juge. Un mélange de suspicion et d'admiration motivait plusieurs détenus à venir s'entretenir avec Jésus. Un groupe bigarré s'est formé dans la salle de repos après le repas du soir.

— Tu te prénommes Jésus et tu parles de foi en prenant la défense des exclus, qui es-tu ? questionne un homme qui semblait être le chef du groupe. Cette crapule de gardien qui nous prend notre argent contre des passe-droits nous a dit que tu étais un être extraordinaire. Qu'est-ce que tu lui as dit pour qu'il nous remette de l'argent sans rien demander en retour? Que cherches-tu?

— Peu importe qui je suis et ce que je veux. Ce qui importe, c'est plutôt ce que vous êtes vous-mêmes et ce dont vous avez besoin. Je vous observe et je vous vois rire, mais je sais que votre rire prend racine dans la tristesse de votre âme. Vous êtes dans cette prison parce que vous avez fait des gestes qui vont à l'encontre de la loi. Pour la plupart d'entre vous, les actions que l'on vous reproche sont répréhensibles et vous avez été jugés par le tribunal des hommes. Lorsque je regarde chacun d'entre vous, je vois au-delà du voleur, de l'escroc. Je vous vois avec une famille que vous voulez protéger. Je vous vois avec vos proches que vous appréciez. Chacun d'entre vous a un cœur qui bat sous sa carapace. Cette carapace est devenue votre véritable prison. Vous sortirez d'ici dans quelques semaines, dans quelques mois ou dans quelques années, mais la prison dans laquelle vous avez enfermé votre cœur ne connaît pas de libération conditionnelle ou de remise de peine…

Jésus venait de toucher un point sensible chez ces hommes endurcis par une vie difficile et qui faisaient face à l'incompréhension. Quelques détenus, certains parmi les plus endurcis, ont eu peine à cacher quelques larmes débordant de leurs yeux pleins d'eau.

— À moins que vous puissiez confier votre cœur à Dieu, poursuit Jésus après un silence. Si vous faites confiance en Dieu de façon sincère et complète, vous pourrez sortir de votre prison et marcher en homme libre. Je vous le dis, Dieu transformera en outils habiles ces poings fermés qui vous servent d'armes, Dieu transformera en moments de bonheur ces trop nombreux instants où l'angoisse vous tenaille et vous fait passer du côté du mal. En chaque être humain, il y a du bon et du mauvais, comme en chaque meurtrier, il y a un meurtri et en chaque voleur il y a un dépouillé. Confiez votre cœur à Dieu et il transformera votre âme. Là où ne poussaient que de mauvaises herbes sans valeur, apparaîtra un jardin. Vous devrez aussi changer le regard que vous portez sur les autres si vous voulez que l'on vous voie sous un jour meilleur. Ce n'est pas parce que vous avez une tache sur vos vêtements que vous devez détester ceux qui ont de beaux vêtements sans tache. Si vous marchez difficilement, vous ne devez pas haïr ceux qui marchent plus vite. Dieu peut changer votre vie, mais avec votre consentement et votre aide.

Une sonnerie s'est fait entendre pour signifier aux détenus le retour dans les cellules.

— Merci de nous avoir parlé ainsi, dit simplement avec émotion le chef du petit groupe de détenus. Viens me voir si tu as besoin de quoi que ce soit.

— C'est plutôt toi et tes amis qui avez besoin d'aide. Maintenant, vous savez où vous adresser, dit Jésus en pointant vers le ciel.

❦

Michel a été très heureux de retrouver Jésus à sa sortie de prison. Ils avaient été tous les deux condamnés à la même peine d'un mois de détention, mais ils avaient été incarcérés dans des prisons différentes.

— Jésus, la prochaine fois, il faudra passer inaperçus pour éviter ce genre de séjour en prison.

— Pourquoi devrions-nous nous taire et pourquoi éviter des séjours en prison? Je dois au contraire parler de plus en plus. Je constate que le monde a plus que jamais besoin d'un message d'espoir. Les humains sont les fils et les filles de la Lumière et ils vivent dans l'obscurité. En ces temps de technologie et de communication, il y a tant de solitude et d'exclus. En ces temps de richesse, il y a tant de pauvreté et de démunis. La Parole s'efface même si elle est gravée sur la pierre, la bonté est oubliée même si elle est à l'origine de l'homme. Il y a tant de travail à faire, tous ceux qui pourront y participer seront les bienvenus, car il nous faudra de l'aide.

Michel, résigné, emboîte le pas à Jésus qui était déjà loin devant. Une énergie incroyable animait Jésus et plus il y avait d'obstacles et plus il paraissait encouragé et déterminé. Jésus voulait rappeler aux hommes qu'ils étaient tous égaux et qu'ils avaient tous leur place auprès de Dieu. Mais, il faut se préparer, il faut vivre selon les enseignements et faire le bien autour de soi. Si nous choisissons de faire le bien, nous connaîtrons la joie, la paix et la vie éternelle.

Jésus rappelait à qui voulait l'entendre que si nous choisissons de faire une place à Dieu dans notre vie, nous n'aurons plus besoin de nous faire de soucis. Si Dieu pourvoit au nécessaire pour les oiseaux, pourquoi ne le ferait-il pas pour les humains ?

Dans tout cela, Jésus affirmait que Dieu laissait la liberté de choix aux hommes.

Mais, ajoutait Jésus, pour bien choisir il faut le faire en toute connaissance. Il faut entendre la voix de Dieu lorsqu'il nous parle. Sa voix est très souvent à peine audible, car elle n'est pas transportée par le vent, elle est le vent, elle ne s'entend pas par les oreilles, car sa vibration est au diapason du cœur. La voix de Dieu est toute en subtilité. Lorsque le bruit envahit l'esprit sans arrêt, comment est-ce possible alors d'entendre un murmure ?

Pour celui qui sait écouter, la voix de Dieu se fait entendre dans la respiration d'un enfant qui dort paisiblement. Dans le silence du matin, sa voix traverse la goutte de rosée pour prendre les couleurs d'un arc-en-ciel.

Dieu peut aussi se faire entendre au travers la demande qui nous est adressée par un inconnu. Jésus donnait souvent en exemple cet exclu qu'il avait rencontré un jour où lui-même se questionnait sur la pertinence du message qu'il livrait aux hommes.

Jésus était, ce jour-là, envahi par le doute. Était-il d'un grand secours pour cette immensité humaine qui avait besoin d'un guide. Michel qui l'accompagnait presque toujours tentait de lui remonter le moral.

Un jeune homme à la mine basse marchait rapidement tout en regardant furtivement par-dessus son épaule. Un petit groupe de jeunes du même âge le suivaient en l'invectivant. De toute évidence, le jeune homme était pris à partie.

Jésus s'est approché.

— Je crois que vous avez un problème, a lancé Jésus en marchant vers le groupe.

— C'est un homosexuel et nous n'aimons pas ça.

— Je te reconnais, toi, dit un autre jeune. Tu es celui que les journaux appellent le nouveau Messie. Tu parles de foi. Tu devrais être contre ça toi aussi, l'homosexualité. L'Église condamne l'homosexualité.

— Ce que vous faites là, ce n'est pas condamner l'homosexualité. Vous êtes en train de condamner UN homosexuel.

Sans regarder le jeune homme condamné par le groupe pour ne pas l'humilier davantage, Jésus continue.

— Vous avez le cœur plus dur que les pierres que vous aimeriez lui lancer. Toi, par exemple, tu souhaites humilier ce jeune parce qu'il n'est pas comme les autres, pourtant toi-même, ne souffres-tu pas d'être rejeté par certains parce que ta peau est de couleur foncée ? Toi, tu veux faire souffrir cet homme homosexuel alors que tu souffres de préjugés parce que tu as un casier judiciaire. Pourquoi agissez-vous ainsi ? La haine motive vos paroles et les raisons que vous évoquez pour cette condamnation vous servent de prétexte. Vous tentez, en fait, de rehausser votre estime de vous-mêmes en abaissant quelqu'un d'autre. Est-ce que vous vous sentiriez vraiment meilleurs après cela ? J'en doute. Pour vous sentir véritablement meilleurs, pour avoir plus d'estime de vous-mêmes, essayez plutôt d'avoir de l'estime pour les autres. Ouvrez votre cœur, acceptez les autres et vous serez vous-mêmes acceptés. Vous n'avez peut-être plus de lien avec la foi. Vous n'en avez peut-être jamais eu. Mais le réconfort dont vous avez besoin se trouve dans la Parole de Dieu.

Jésus se tourne vers le jeune homosexuel tout en continuant à s'adresser au groupe.

— Si vous n'avez rien à reprocher de plus à cet homme, retournez chez vous et réfléchissez à votre vie, à ce que vous aimeriez qu'elle soit. Souhaitez-vous vivre dans l'harmonie plutôt que dans la haine ? Souhaitez-vous être aimés plutôt que d'être délaissés ? Si vous vous posez ces questions et que vous y répondez sincèrement, vous entendrez Dieu vous parler. Vous commencerez alors à prier. Retournez chacun chez vous en paix et ne condamnez plus, car sinon, vous serez vous aussi condamnés. Lorsque vous entendrez Sa voix en vous, ne fermez pas votre cœur, car ainsi vous refuseriez d'être aimés. Et qui pourrait affirmer ne pas vouloir être aimé.

— Pourquoi Dieu nous parlerait-il? Comment savoir que c'est Lui qui nous parle?

— Dieu vous parlera si vous êtes vraiment sincères. Lorsque Dieu vous parlera, vous ne pourrez que le reconnaître. Vous serez alors envahis par une paix intense. Vous sortirez sur la rue et le soleil ne brillera pas qu'à l'extérieur de vous, il brillera aussi en vous. Votre regard sur les autres changera. Vous aimerez ceux que vous verrez, tels qu'ils sont.

Les jeunes sont partis un à un en silence, émus par ce qu'ils avaient entendu. Jésus se retourna vers le jeune homme qui ne savait plus à quoi s'attendre et lui dit avec amour et compassion : « Où sont-ils ceux qui te condamnaient? Mon ami, va maintenant dire à tous ceux que tu rencontreras que l'Amour vrai existe. Je t'invite sur le chemin de l'Amour véritable.

Jésus et Michel se sont retrouvés tous les deux seuls.

— Tu vois Jésus, dit Michel. Tu as eu ta réponse. Tu étais un peu déprimé tout à l'heure. Tu en étais venu à douter de ta mission.

Jésus se tourne vers Michel et le saisit par les épaules.

— Merci d'être là avec moi. Merci de me soutenir, car ma tâche est difficile. Tu sais Michel, j'ai mes démons moi aussi et il n'est pas toujours facile de les tenir en échec. La tâche est aussi grande qu'il y a deux milles ans. On me demandera bientôt des preuves de qui je suis et de ce que je dis. J'aurai à affronter l'incrédulité et la méchanceté et ma seule arme sera ma foi.

Chapitre quatrième

À la rencontre des bien-pensants

Un an s'était écoulé depuis l'épisode de la prison. De plus en plus de gens s'intéressaient à ce Jésus et à ce qu'il disait. Quelques journaux avaient publié des articles où Jésus en profitait pour diffuser son message à une plus grande échelle qu'il ne pouvait le faire de bouche à oreilles, même s'il préférait de loin le contact direct avec les gens.

On disait de Jésus qu'il savait toucher le cœur des gens dans ce qu'ils avaient de plus intime. Il trouvait toujours les paroles nécessaires pour chacun, comme s'il lisait dans le cœur et dans l'âme de ses interlocuteurs. Ce qu'il disait pour une personne s'avérait universel et touchait tout le monde. Mais plusieurs médias s'acharnaient à le ridiculiser.

Certains voyaient en Jésus une menace réelle pour leurs privilèges et Jésus allait en avoir des échos.

Plusieurs groupes s'intéressaient aux activités de Jésus soit en le faisant suivre discrètement, soit par le biais des médias. Ces gens n'appréciaient pas beaucoup entendre cet homme sans statut particulier aborder des questions religieuses et morales devant un public admiratif et de plus en plus nombreux. Qui était cet homme pour parler ainsi au nom de Dieu ? Qui était-il pour parler de la foi alors qu'il n'avait pas fait d'études pour cela ?

Par ailleurs, les faux prophètes sont si nombreux, il faut absolument que quelqu'un protège les gens trop naïfs contre ce genre de personnage, pensaient certains.

— Il faut le faire venir pour l'entendre directement et le questionner, dit un des responsables d'un mouvement laïc.

— Il doit s'expliquer, car nous ne croyons pas qu'il soit apte à parler comme il le fait, dit un autre. Nous devons lui faire comprendre que s'il veut continuer à faire ce qu'il fait, il doit d'abord devenir prêtre et se soumettre à l'Église.

— Il dit qu'il est le Messie revenu sur terre pour compléter sa mission, ricane un troisième. C'est totalement ridicule. Dieu n'aurait pas choisi un jeune sans le sous et de plus, il a fait de la prison. Quel exemple ! Nos jeunes n'ont pas besoin d'un modèle aussi discutable.

— Alors, vous vouliez me rencontrer, dit doucement Jésus. J'en suis honoré. Qu'attendez-vous de moi?

— Jésus, puisqu'il faut t'appeler ainsi, ironise un homme aux cheveux gris qui semblait être le chef du groupe. C'est bien le prénom que ta mère t'a donné à ta naissance?

— C'est bien mon prénom. Je ne l'ai pas choisi moi-même. Par contre, qui l'a choisi, je ne peux pas répondre à cela. Était-ce ma mère, ou mon père? Si c'est mon père, de quel père parlons-nous? Auriez-vous aimé que je vous dise que je l'ai choisi moi-même?

— Nous voulons seulement savoir qui tu es vraiment et pourquoi prêches-tu comment ça? Tu parles de la bible, tu fais des sermons à des gens crédules. Tu demandes aux riches de donner ce qu'ils possèdent pour s'alléger du poids de l'avoir. Ne serait-ce pas pour engranger cet argent, pour t'enrichir toi-même?

— Vous me faites venir ici pour m'entendre, mais vos oreilles sont sourdes. Vous voulez que je m'explique, mais vous m'avez déjà jugé. Avant que je ne reparte, vous voudrez voir ce que je peux faire, mais vos yeux seront aveugles. À quoi sert tout ce cirque ? Si vous voulez me montrer que vous êtes des bouffons, vous êtes sur la bonne voie.

— Comment oses-tu nous parler ainsi alors que nous t'accueillons de façon bienveillante ?

— Mes paroles vous choquent, mais ce qui vous choque plus encore, c'est que je puisse lire dans vos cœurs vos intentions véritables. Vous dites à tous que vous êtes les représentants de Dieu alors que vous ne comprenez pas son message. Que vaut un messager qui retransmet un message dans une langue qu'il ne connaît pas ? Le message de Dieu est dans une langue d'amour alors que votre cœur parle une autre langue. C'est comme si vous tentiez de décrire un lever de soleil alors que vous êtes aveugles. Vous dites « aimez-vous les uns les autres », alors que vous fermez votre porte à celui qui a besoin d'amour et de réconfort. Vous dites « prenez ceci », alors que vous avez les mains vides.

— Tu affirmes que nous sommes de mauvais messagers de la Parole alors que nous allons à l'église au moins une fois par semaine. Toi, que fais-tu le dimanche ? Nos amis disent qu'ils te voient, même le dimanche, parcourir les quartiers où la prostitution fait rage. Ils te voient aussi entrer dans des endroits louches à n'importe quel moment de l'année. Tu nous condamnes alors que tu prétends qu'il ne faut pas juger.

— Il est écrit: « Ce peuple m'honore des lèvres, mais son cœur est loin de moi; c'est en vain qu'ils me rendent un culte, car les doctrines qu'ils enseignent ne sont que préceptes d'hommes. » Je ne vous condamne pas, c'est vous-mêmes qui le faites en agissant comme vous le faites et en gardant votre cœur fermé. La foi n'est pas seulement affaire de paroles. Elle doit aussi se réaliser dans les gestes, sinon ce qui est en gestation dans son germe restera stérile. Vous êtes comme des fermiers pensant à la récolte alors que vous ne vous préoccupez pas d'arroser vos champs. Vous lancez vos grains sur le sol et vous leur tournez le dos, car vous êtes trop préoccupés par les honneurs que l'on accorde aux semeurs. Lorsque le temps de la récolte viendra, alors vous serez jugés sur vos actions et non sur ce que vous prétendez être. Vous me reprochez de ne pas me rendre dans les églises pour le jour du Seigneur. Devons-nous estimer la foi de quelqu'un par le nombre de fois où il est visible dans un lieu de culte. Si mon travail était de prêcher pour les brebis déjà rassemblées dans le troupeau, je n'aurais pas beaucoup de travail. Les brebis auxquelles je consacre mon temps sont celles qui sont égarées hors du troupeau et celles-là ne se trouvent pas dans les églises.

— Tu prononces des paroles attrayantes, mais qu'en est-il vraiment ? Tu dis être le Messie revenu sur terre. Donne-nous une preuve. Fais la démonstration de ce que tu affirmes.

— La preuve que vous cherchez est dans ce que je fais déjà. Si vous avez arraché vos yeux et que vous les avez jetés au loin, ne demandez pas que la lumière soit plus intense pour vous permettre de voir à nouveau. Des preuves, j'en ai données déjà, il y a deux milles ans. Le temps des preuves est révolu. Ce n'est pas dans les preuves qu'il faut croire, mais en Dieu. Lui seul est Amour et Lui seul jugera ce que vous accomplissez. C'est devant Lui que vous devrez répondre de vos actes lorsque le temps sera venu. Le nombre de fois que vous allez à l'église comptera moins que la ferveur de votre foi lorsque vous êtes en prière.

Chapitre cinquième

À la rencontre
d'un homme important

— Quelqu'un aimerait bien parler avec vous un instant, explique un homme en complet gris.

Les lunettes noires qu'il portait masquaient son regard. Jésus a compris qu'il ne s'agissait pas d'une simple demande. On ne lui laisserait pas le choix. Il devait suivre cet homme.

La voiture dans laquelle l'homme était arrivé a démarré aussitôt que Jésus a pris place sur la banquette arrière. Nul doute que ce quelqu'un qui désirait le voir devait occuper une position importante. Le luxe à l'intérieur de la voiture n'avait rien de clinquant, mais c'était tout de même du luxe. Les vitres teintées et opaques ajoutaient au mystère de la voiture. Mais, pour Jésus, il n'y avait pas de mystère. Il savait où on le conduisait ainsi.

La pièce où l'on avait demandé à Jésus de s'asseoir se trouvait au sous-sol d'un immense bâtiment dans lequel la voiture s'était engouffrée par des portes qui donnaient accès aux stationnements intérieurs. Tout s'était déroulé très discrètement. Personne ne l'avait donc vu entrer.

Après quelques minutes, un homme pénètre dans la grande pièce. Une longue table de conférence occupe tout le centre et l'homme la contourne pour se diriger vers Jésus.

— Je suis ravi de vous rencontrer, fait le personnage. Je souhaitais vous voir depuis longtemps déjà.

Pas très grand, l'homme bedonnant et âgé d'environ soixante ans, est un politicien bien en vue que tout le monde voit déjà premier ministre aux prochaines élections.

— Je vous ai fait venir ici parce que je vous admire beaucoup. Je crois en Dieu et les valeurs chrétiennes sont très importantes pour moi. Vous parlez avec tant de conviction et de naturel. Vous m'impressionnez énormément. Je vais probablement devenir premier ministre dans quelques mois. Mes tâches seront lourdes de responsabilités et j'aimerais avoir votre sagesse.

— La sagesse que vous dites être mienne se manifeste, car elle n'est justement pas mienne. C'est mon Père qui se manifeste et qui parle par ma bouche. Lorsque vous êtes en contact avec Dieu, vous lui donnez l'occasion de s'exprimer à travers vous. Vous me dites que je suis convaincant, c'est que mes mots sont des réceptacles qui véhiculent l'amour de Dieu. Dieu est Vérité et toute la vérité du monde est issue de Dieu. Je ne me demande pas comment convaincre. Comment ne pas être convaincant lorsque la vérité illumine les paroles? La semence qui est transportée par le vent ne se demande pas comment être assez convaincante pour devenir une plante. Elle transporte avec elle la vie, et la vie fait son œuvre, car Dieu la soutend.

Le politicien semble un peu perplexe.

— Tout à l'heure, vous avez dit que vous admiriez la sagesse avec laquelle je parlais. Est-ce que je me trompe en disant que ce que vous enviez est plutôt l'intérêt des gens que mes paroles captivent? Vous aimeriez captiver les auditoires comme je le fais, mais le message ne vous intéresse pas vraiment, n'est-ce pas? Pourtant l'un ne va pas sans l'autre. Sinon, vous bernez vos concitoyens, ceux qui vous accordent le privilège de faire le métier que vous faites. Si vous voulez être convaincant sans substance, vous faites de la fraude.

L'interlocuteur de Jésus était maintenant assis et écoutait sans broncher.

— Vous m'avez aussi dit que vous admiriez ce que je disais parce que vous aviez des valeurs chrétiennes. Comment se fait-il que vous m'ayez fait venir ici dans le plus grand secret ? Pourquoi n'êtes-vous pas venu me rencontrer sur la rue, dans la ville ? Je ne suis pas bien difficile à trouver avec tous ces gens qui m'accompagnent depuis quelques mois. Si vous partagiez réellement ces valeurs dont vous parlez, vous n'auriez pas hésité un seul instant. Les hommes d'état se gardent bien de parler de foi de nos jours. Ça ne fait pas sérieux. On se dit croyant, mais on n'en parle pas trop. Pourtant, la classe politique aurait grand intérêt à incarner un peu plus les valeurs fondamentales que l'on trouve dans la Bible. Les dirigeants, une fois élus, sont distants de la population et paraissent insensibles à ses besoins. Et que dire de la responsabilité des chefs d'état sur l'état de la planète. Les gouvernants promettent des milliards en aide lorsqu'une catastrophe survient, mais aussitôt que les caméras ne sont plus là, plus rien. Vous cherchez à profiter du moindre avantage pour vous faire élire, quitte à déformer la réalité. Mais, que cherchez-vous donc ainsi ? Quelle est votre motivation ? Êtes-vous tant assoiffé d'honneur que seul le fait d'être élu compte, au détriment de ce que vous pourriez faire de bien lorsque vous êtes élu? N'oubliez jamais que devant Dieu, vous ne pourrez pas mentir. Pour être parmi les élus de son Royaume, les beaux discours n'auront pas de poids. Votre bilan et votre jugement seront sans appel ni négociation.

— Jésus, je vous remercie de m'avoir parlé ainsi. Je ne m'attendais pas à cela. Je ne vous promets rien, mais je vais remettre bien des choses en perspective si je suis élu.

Déjà, il y avait un peu plus d'humilité dans l'esprit de l'homme. Il avait dit: « Si je suis élu. »

Chapitre sixième

À la rencontre
d'un homme simple
et extraordinaire

L'homme de petite taille est d'une simplicité sincère et complète. Jésus avait voulu rencontrer ce personnage impressionnant par la vigueur et l'authenticité de sa foi. Il avait une volonté incroyable pour défendre les pauvres et les démunis et il n'hésitait pas à interpeller tous ceux qui croisaient sa route pour que l'amour soit dans la vie de chacun à tout moment.

— Abbé Pierre, dit Jésus au petit homme, tu parles depuis si longtemps pour que Dieu soit présent dans le cœur des hommes. Maintenant, je viens te remercier au nom de mon Père. Tu n'as jamais hésité à dénoncer et à te battre pour le bien lorsque la situation le réclamait. Tu fais un grand bien à l'humanité toute entière.

— Je n'ai été que l'instrument de Dieu, répondit l'abbé Pierre. Je n'ai pas grand mérite. Ce que j'ai fait pour les pauvres et pour les démunis, c'est Dieu qui me demandait de le faire.

Les deux hommes se sont étreints comme deux amis de longue date qui se retrouvaient. L'abbé Pierre prit Jésus sous le bras et l'a amené à l'écart, dans un petit salon du hall d'entrée où il était venu pour prononcer un mot devant une assemblée.

— On m'a invité parce que l'on veut entendre le message d'amour que je véhicule depuis tant d'années, continue l'abbé Pierre. Mais c'est plutôt toi qui devrais parler devant ces gens. C'est ton message que je proclame ainsi.

— Les gens ne sont pas tous prêts à me reconnaître et il y a tant de foi dans tes paroles. Tu accomplis ta mission auprès des hommes de façon magnifique. Le partage, l'amour sincère des autres, le don de soi sans compter, voilà le message de Dieu que tu incarnes parmi les hommes.

— Mais je suis si imparfait, confesse l'abbé Pierre. J'aimerais tellement que les choses aillent plus vite. Je suis impatient.

— Bien sûr, tu es impatient et imparfait. Être parfait n'est pas ton rôle et ton impatience est bien légitime. Les gens s'arrêtent souvent à t'admirer au lieu de diriger leur pensée à comprendre et à mettre en action ce que tu leur dis. Moi aussi, j'ai été impatient. La foi peut transporter des montagnes, mais trop souvent, les gens se contentent d'un grain de sable.

Jésus et l'abbé Pierre ont passé quelques heures ainsi à parler de Dieu, de la prière, de la foi et des hommes. Une émotion très profonde et un sentiment de paix intérieure inébranlable animaient les deux hommes et le temps qui passait n'avait plus aucune importance.

Toutefois, un homme fait son entrée et s'adresse doucement à l'abbé Pierre.

— Je m'excuse de vous déranger, mais vous devrez bientôt partir pour votre allocution.

— Laissez-moi encore quelques minutes, dit l'abbé Pierre.

Puis, se retournant vers Jésus.

— Je suis ton serviteur et je continuerai à transporter la Parole des Évangiles jusqu'au cœur des hommes. Les hommes sont la principale cause de leur misère. Malheureusement, il y a de l'avenir pour ceux qui font comme moi, qui tentent de déraciner l'égoïsme en prêchant l'amour.

— Le temps viendra bientôt où chacun des hommes aura à cœur le sort de ses frères, répond Jésus. L'amour triomphera et la Lumière de Dieu inondera le moindre recoin des cœurs pour y pourchasser la noirceur. Je te bénis au nom de mon Père.

— J'aimerais tant te retrouver pour que nous puissions parler encore.

— Va dans l'action, comme tu le dis si bien toi-même. Le jour de nos retrouvailles viendra.

Chapitre septième

À la rencontre
de l'incompréhension

Un homme âgé d'une soixantaine d'années venait de traverser le parc pour se diriger vers Jésus, assis sur un banc. Plusieurs personnes entouraient Jésus, dont des sans-abris qui venaient souvent l'écouter.

— Ainsi, vous dites que vous êtes le fils de Dieu, dit l'homme en se plaçant devant Jésus. Vous seriez le Christ revenu sur terre. Moi, je ne vous crois pas. Je suis prêtre et tous les jours je prie Dieu et je célèbre la messe. Je me sens en contact avec Dieu. Pourquoi les gens de culte comme les prêtres n'auraient pas été au centre de ce retour du Christ sur terre ? Pourquoi n'aurions-nous pas été mis à contribution pour célébrer cet événement de façon adéquate ? Le contact privilégié que nous avons avec Dieu aurait fait que, si le Christ était revenu sur la terre, les choses ne se passeraient pas ainsi, nous l'aurions senti.

Jésus regardait le prêtre avec douceur et compréhension.

— Dieu ne transmet ses plans à personne avant d'agir, répondit Jésus. Tous ceux qui ont une foi sincère sont en contact avec Dieu. Il n'y a pas de privilégiés lorsque Dieu tend l'oreille vers les humains. Que tu sois prêtre ne te donne aucun accès privilégié. La foi sincère du plus petit l'amènera au premier rang de l'assemblée de Dieu. Tu ne me crois pas lorsque je dis que je suis le Christ, Fils de Dieu. Est-ce que tu n'adhères pas à ce que je suis parce que je suis trop jeune, sans études théologiques, sans argent, absent des lieux de culte? Ou est-ce plutôt parce que tu te considères exclu de mon retour parmi les hommes, alors que tu sers Dieu dans l'église? Lorsque je suis venu sur terre, il y a deux milles ans, n'étais-je pas jeune? Est-ce que j'étais prêtre? Est-ce que j'étais riche? Je n'étais pas seulement dans les lieux de culte.

— À cette époque, l'humanité n'était pas comme aujourd'hui, argumente le prêtre. La chrétienté prenait forme et il fallait tenir compte des mentalités moins évoluées.

— Les temps ont changé, bien sûr, approuve Jésus. Mais, les hommes ont-ils tant évolué? L'homme a construit un monde qui aurait dû l'amener à éliminer la pauvreté. Pourtant la misère est un fléau. La terre ne s'est jamais aussi mal portée.

En disant cela, Jésus avait un air affligé.

— Les technologies abondent et pourraient permettre d'éviter les famines, les guerres, les épidémies sur toute la planète, mais on ne s'occupe pas des besoins des démunis à commencer par ceux qui sont tout près. La foi chrétienne a beaucoup plus d'histoire, mais est-ce qu'une partie du message des Évangiles n'aurait pas été diluée? Est-ce que le cœur des hommes est plus près de la Parole de Dieu, aujourd'hui qu'il y a vingt siècles? Le matérialisme dépossède de la foi. La richesse matérielle appauvrit le cœur. L'égoïsme assèche le torrent de l'amour. L'indifférence détourne de Dieu. Que voyons-nous le plus aujourd'hui? Matérialisme, richesse matérielle, égoïsme et indifférence. Mais, comme il y a deux milles ans, il y a un combat entre le bien et le mal, entre la lumière et les ténèbres. Si tu acceptes d'être dans la lumière, tu te réjouiras de ma venue et tu ouvriras les yeux de ton cœur. Si tu acceptes, tu me suivras.

Jésus se lève et reprend son chemin sans regarder derrière lui. Il n'a pas besoin de se retourner. Il sait que l'homme ne le suivra pas.

— Je prie pour que ton cœur s'ouvre, pense Jésus

Chapitre huitième

Un samedi soir à Montréal

À 23h30, Jésus se décide à téléphoner à Véronique pour lui demander une information.

— Véronique, j'aimerais savoir quelle est la plus grosse discothèque de Montréal?

Elle avait de la difficulté à croire ce que Jésus venait de lui demander.

— Jésus, j'espère que c'est une blague. Tu es beaucoup trop connu maintenant pour aller dans une discothèque un samedi soir. Est-ce que tu en as parlé avec Michel. Si oui, il doit être complètement paniqué?

— Non, je vais d'ailleurs lui téléphoner pour qu'on se donne rendez-vous dans cette discothèque. Est-ce que tu te joins à nous?

— Mais Jésus, ces endroits ne sont pas pour toi. Il y a des moments où je ne te comprends vraiment pas. Les gens boivent, il y a de la drogue et la majorité ne cherche que du sexe rapide. Cela ne va pas avec Ton Message!

— Véronique. Véronique, est-ce que tu m'as bien écouté ces derniers mois? Là où le péché abonde, la grâce surabonde! Je veux rencontrer ces jeunes.

Ils cherchent tous un sens à leur vie. Je dois aller sur leur terrain. Seul ou avec toi et Michel. J'irai de toute façon !

— Jésus, j'ai peur que ces gens te ridiculisent. Imagine s'il y a des gens des médias. Ils te tourneront en dérision !

— J'ai vu pire, chère Véronique. Alors, on se rejoint à minuit au coin des rues Sainte-Catherine et Saint-Laurent. Tu me montreras l'endroit en question.

Véronique s'est alors empressée d'appeler Michel afin qu'il « raisonne » Jésus, mais rien à faire. Si Jésus avait décidé qu'il irait, il irait !

Il faisait chaud et humide ce soir-là à Montréal. Des milliers de personnes déambulaient. C'était le Festival de Jazz. Jésus s'arrêtait un peu partout pour regarder cette foule immense danser dans les rues. Ils avaient « l'air » heureux.

Au bout de quelques minutes, beaucoup de gens reconnaissaient Jésus et ils ne comprenaient pas ce qu'il faisait un samedi soir dans les rues de Montréal. Mais, Jésus faisait son chemin.

Comme prévu, Véronique et Michel attendaient Jésus. Michel a essayé de toutes ses forces de convaincre Jésus de changer d'idée, mais rien à faire !

Ils sont donc entrés dans la discothèque la plus fréquentée de Montréal. La majorité des personnes avaient au maximum 30 ans. Effectivement, il y avait beaucoup de monde, de la fumée, de la musique à tue-tête, des danses frénétiques. Ce que Jésus a d'abord remarqué, c'est que ces jeunes dansaient, mais ils dansaient seuls, comme s'ils étaient dans « leur monde ».

Au bout de quelques minutes, quelques jeunes ont reconnu Jésus. C'était d'abord la surprise et puis en quelques instants, tout le monde savait que Jésus était parmi eux. Ces jeunes ne savaient que penser. Était-il là pour les juger, pour les condamner ? Tranquillement, la piste de danse s'est vidée et les jeunes regardaient Jésus avec étonnement et commençaient à l'entourer.

C'est à ce moment que le gérant de la discothèque est arrivé et a demandé à Jésus de quitter l'endroit immédiatement. Jésus n'a pas bougé et un jeune homme s'est adressé au gérant :

— Qu'est-ce que tu lui veux ? Il ne fait rien de mal?

— Je veux que cet homme quitte cet endroit. Ce n'est pas sa place. Un point, c'est tout!

C'est alors que des dizaines de jeunes disent au gérant : « Si tu le mets à la porte, nous partons nous aussi. Si cet homme est venu ici, c'est qu'il a sûrement des choses à nous dire et nous voulons l'entendre ! »

Le gérant a décidé finalement d'acquiescer à la demande de sa clientèle en espérant que cela ne durerait pas trop longtemps.

C'est alors qu'un couple dans la vingtaine a décidé de payer une bière à Jésus. Ils étaient convaincus que Jésus refuserait, mais il a accepté à leur grand étonnement.

Les jeunes ont demandé au disque-jockey d'arrêter la musique.

— Qu'est-ce que tu nous veux, Jésus? Ta place n'est-elle pas avec les « croyants » dans les églises?

— Je ne veux que votre Bonheur. Vous croyez tous que je suis venu ici pour vous juger. Pas du tout. J'ai voulu voir comment vous vous amusez. Je vous regarde depuis un bon moment et ce qui me fait mal, c'est de voir votre solitude. Vous essayez de l'endormir avec une surconsommation d'alcool, avec de la drogue et avec une sexualité dénuée de sens. Alors que je sais qu'au fond de vous-même, vous cherchez l'Amour vrai. Vous rêvez que quelqu'un vous aime inconditionnellement. Il n'est pas mal de se rassembler entre amis pour faire la fête. Souvenez-vous aux noces de Cana il y a 2000 ans, j'ai fait la fête avec mes amis.

Je ne veux surtout pas vous déranger, mais réfléchissez simplement à ce que vous désirez vraiment dans la vie. Je sais que les générations précédentes vous ont déçus. Ils ont malheureusement tout rejeté. Ils m'ont rejeté moi aussi ! Mais maintenant, j'ai besoin de chacun de vous. Je crois en vous. Vous n'êtes pas seulement l'avenir de l'humanité. Vous êtes également le présent de cette humanité. Ensemble, nous pouvons reconstruire ce monde !

— Mais, que veux-tu que l'on fasse? On ne se retrouve plus dans les églises. On a parfois l'impression qu'on ne veut pas de nous. Et qui dit Jésus, dit Église!

Jésus s'est mis à sourire de bon cœur!

— Tout d'abord, essayez simplement d'être bons les uns envers les autres. Dites non à la guerre, non à la culture de la mort. Vous verrez alors les plus vieux vous regarder et se demander ce qui se passe dans votre cœur. Souvenez-vous des Journées Mondiales de la Jeunesse que mon bon Pape Jean Paul II a initiées. Des millions de jeunes du monde entier se rassemblaient et écoutaient cet homme plein de tendresse. C'était vraiment un prophète des temps modernes. Il doit être un exemple pour vous tous. Il a été jeune. Il a été acteur, il aimait faire du sport, du ski et de la natation. Il a été jeune comme vous tous. Mais, il a misé sa vie sur l'essentiel et cela lui a valu de changer le monde! Cet homme avait compris qu'il vaut mieux réussir sa vie que de réussir dans la vie! C'est à la même chose que je vous invite, chacun dans son milieu. Je vous aime tellement. Je me reconnais en vous! Regardez-moi. Suis-je différent de vous? Même, mes vêtements ressemblent aux vôtres. Nous sommes jeunes et nous pouvons ensemble redonner de l'espérance au monde !

Puis-je compter sur vous ? C'est à vous d'y répondre dans l'intimité de votre cœur ! Je vous laisse maintenant à votre fête. Amusez-vous dans le respect de l'autre et de votre propre corps. « Aime et fais ce que tu veux ».

Les jeunes étaient abasourdis des mots d'amour de Jésus. Il avait vraiment le don de parler à la foule. Ils se sont remit tranquillement à danser, mais le cœur n'y était plus. Ces jeunes ne seraient plus jamais les mêmes. Ils venaient de rencontrer l'Amour.

Véronique et Michel étaient fiers et surpris de la façon dont Jésus s'y prenait pour convertir les cœurs les plus endurcis.

— Comment fais-tu Jésus pour leur parler de cette façon et en plus, ils t'écoutent ?

— Chère Véronique, tu ne te souviens pas de notre première rencontre. Tu voulais me piéger, mais au fond tu cherchais l'Amour vrai. C'est la même chose pour ces jeunes, ils ne sont pas méchants, ils cherchent! Aucun être humain n'est mauvais. Tous ont été créés à l'image de mon Père. Si quelqu'un te semble dur ou méchant, c'est qu'il est blessé.

Ce soir-là, la discothèque a fermé beaucoup plus tôt qu'à l'habitude. À n'en pas douter, ces jeunes ne seraient plus jamais les mêmes.

Chapitre neuvième

À la rencontre du pape

Sur la place Saint-Pierre-de-Rome, l'effervescence était bien palpable. Le soleil brillait de tous ses feux, mais une chaleur encore plus grande se dégageait de la foule des fidèles. Le Vatican avait annoncé plus tôt durant la journée que les deux hommes allaient parler d'une voix unique à la fin de leur entretien.

Hier, Jésus était arrivé à Rome à la demande du Pape. Il voulait avoir un entretien avec « Celui qui était revenu ». Plus personne aujourd'hui ne doutait de l'identité de celui qui, depuis trois ans avait changé le monde, d'abord par de simples actions auprès de quelques individus, puis devant des foules. Jésus parlait d'amour divin et il enseignait le pardon et l'amour du prochain. Sans faire de différences entre toutes les religions de la terre, Jésus parlait à chacun dans l'intimité du cœur.

— Ne condamnez personne, soyez tolérants et agissez envers tous ceux que vous croisez comme vous aimeriez que l'on agisse envers vous-mêmes. Dieu vous a confié un monde unique et merveilleux qui pourrait être un paradis. Agissez avec intelligence et avec cœur et vous serez heureux. Priez avec dévotion et humilité et vous serez plus confiants et plus forts.

Jésus avait parcouru de nombreux pays et était accueilli partout comme un sauveur.

Tous les médias du monde étaient présents à Rome pour capter cette rencontre historique entre le Pape et Jésus. Même les moins croyants avaient la gorge serrée par l'émotion de ce grand moment.

Au premier rang, des journalistes accrédités pour l'occasion, se trouvait une jeune femme qui, durant toute la dernière année, avait délaissé le style sarcastique qui avait fait la renommée de ses reportages pour adopter une ligne résolument spirituelle.

Véronique Blais avait obtenu plus d'audiences qu'auparavant et elle paraissait rayonnante. Elle disait à ses auditeurs que sa première rencontre avec Jésus l'avait tellement bouleversée et émue. Ce choc avait éveillé en elle une conscience de la bonté divine et de la vie qui s'expriment en toutes choses. Elle désirait maintenant partager avec le plus grand nombre cette expérience inoubliable.

— Le matin, lorsque je m'éveille, disait-elle à ses auditeurs, je suis souvent émue de constater la présence de Dieu dans tout ce qui m'entoure. N'est-ce pas merveilleux de voir tout ce qui se produit à chaque instant pour que notre monde continue de simplement fonctionner? Je sens sur ma peau la chaleur bénéfique du soleil même s'il est situé à des centaines de millions de kilomètres de la terre; je vois les feuilles des arbres, qui de façon presque magique, transforment la lumière en matière; je regarde ma chatte nourrir ses chatons avec du lait que son corps fabrique sans qu'elle en ait conscience. Dieu est partout, à tout moment et pour toujours. Comment pouvons-nous ne pas le voir? L'humanité est encore en crise d'adolescence. Elle rejette toujours son Père.

— Les voilà, s'exclame quelqu'un près de Véronique.

De l'endroit privilégié où se trouvait la jeune journaliste, on pouvait voir Jésus, en vêtements neufs, marcher à côté du Pape. Véronique savait que Jésus, ému par l'invitation qui lui avait été faite de venir rencontrer le Pape, avait acheté des vêtements tout neufs. En le voyant, le Saint-Père avait dit: « Ce n'est pas nécessaire de te vêtir d'habits neufs, car même des haillons sur tes épaules deviennent des habits royaux. »

La rencontre entre les deux hommes avait été poignante. Jésus avait reconnu saint Pierre dans l'homme qui veillait sur l'Église. Ils avaient été plus de six heures en rencontre privée. Maintenant, ils s'approchaient pour s'adresser à l'humanité, à la grande famille de Dieu.

Mes amis, lance Jésus après une longue ovation, si vous saviez comme je suis heureux de vous retrouver enfin. Mon Père et moi, nous vous aimons tellement. Depuis quelque temps, j'ai eu l'occasion de visiter cette belle planète que mon Père vous a prêtée. Évidemment, j'ai pleuré plusieurs fois en voyant son état. Vous vous dites peut-être que cette planète est éternelle. Détrompez-vous, vous accélérez actuellement sa destruction. Ce n'est pas mon Père qui déclenchera la fin du monde, comme beaucoup le pensent, mais bien les humains qui, malheureusement, pensent trop à eux et oublient les générations futures.

Je vous dis aujourd'hui qu'il n'est pas trop tard. Vous êtes capables de renverser la vapeur et de faire de cette planète un endroit où il fait bon vivre et où tout le monde peut manger à sa faim.

Ce qui me désole le plus, c'est que beaucoup croient me connaître alors qu'au fond, il n'en est rien. On a transformé mon image et fait de moi une caricature. Je vais vous redire qui je suis véritablement afin de dissiper tout malentendu. Tout d'abord, je suis l'Amour, mais l'Amour est mal aimé. Je suis l'Homme de Nazareth. Vous le savez, j'ai donné ma vie pour vous il y a plus de deux milles ans. Si c'était à refaire, je le ferais à nouveau, car je vous aime sans compter. Imaginez, ne serait-ce qu'un instant que toute l'humanité puisse vivre selon l'Évangile que je vous ai laissé. Finies les guerres, finies les famines, finis les meurtres, les vols, les mensonges, les infidélités. C'est cela que je vous ai laissé, car je veux votre bonheur. Je veux vous donner une vie en abondance. Mais, maintenant que je suis devant vous en chair et en os, croirez-vous en moi? Je vous redis, comme il y a deux milles ans: « Je suis le Chemin, la Vérité et la Vie. »

J'entends souvent dire: « Je suis croyant, mais non pratiquant. » Est-ce que vous vous souvenez de la dernière cène avec mes disciples? C'était le plus beau jour de ma vie. Lorsque j'ai dit: « Prenez et mangez-en tous, ceci est mon corps livré pour vous. Prenez et buvez en tous, ceci est mon sang versé pour vous. Vous ferez cela en mémoire de moi. » Lorsque vous vivez l'eucharistie, voyez cela comme un rendez-vous d'Amour que nous avons, ensemble. Cette nourriture est un don de Vie éternelle, je vous le promets! Revenez vers moi et vous allez redécouvrir que la vie est belle et surtout éternelle. Soyez croyant et pratiquant pour que nous puissions nous rencontrer, tout au long de votre vie sur terre.

Je vous rappelle également qu'il est primordial de ne jamais juger. Ne jugez pas et vous ne serez pas jugés, ne condamnez pas et vous ne serez pas condamnés!

Vous vivez maintenant dans une ère de communication spectaculaire et sans précédent. Vous avez la télévision, la radio, l'Internet, mais ce qui me frappe malgré cela, c'est la solitude extrême qui vous sépare et vous isole les uns des autres. Je ne comprends pas. Vous êtes terriblement seuls. Rapprochez-vous, parlez-vous, aidez-vous et surtout aimez-vous les uns les autres. C'est vraiment ce que je vous souhaite.

J'ai aussi remarqué que ceux et celles qui suivent mon enseignement vivent des persécutions terribles. On vous ridiculise, on se moque de vous. Ce n'est pas facile, mais je vous ai prévenus lorsque je vous ai dit: « Vous serez persécutés à cause de mon nom. » Comme c'est triste; mais, soyez courageux, vous ne serez pas déçus. Bien au contraire.

Les persécutions d'aujourd'hui sont beaucoup plus subtiles que celles d'autrefois. Vous, certaines personnes des médias d'informations, vous essayez de me faire taire, de faire oublier mon Évangile. Heureusement, d'autres font contrepoids. Depuis que je suis avec vous, j'ai écouté la radio et la télévision et évidemment Internet. Ces instruments pourraient tellement être des outils pour le Bien et la Vérité, mais j'ai constaté que, trop souvent, c'est le contraire qui se produit. Vous enseignez la folie aux jeunes. Ils ne savent plus ce qu'est la Vérité. Ils ne savent plus où se trouve le vrai bonheur. Vous, gens des médias du monde entier, vous avez une responsabilité terrible, vous pouvez rejoindre l'humanité instantanément. Comportez-vous de façon responsable, vous en serez vous-mêmes beaucoup plus heureux et l'être humain aussi.

À vous mes amis qui êtes persécutés, je vous redis de ne pas perdre courage. Je suis avec vous, croyez en moi et surtout, n'ayez pas peur. Je suis avec vous jusqu'à la fin des temps.

J'ai aussi remarqué que vous êtes de plus en plus envahis par une culture de la mort. Vous dites oui à l'avortement, oui à l'euthanasie et oui au suicide assisté. Êtes-vous conscients de la beauté et de la grande valeur de la vie? Votre vie, mon Père vous l'a prêtée afin que votre passage sur la terre soit un pèlerinage en préparation à la Vie éternelle. Vous avez de la difficulté à accepter la souffrance, qui pourtant fait partie de la vie tout comme la mort. N'oubliez jamais que la Vie est sacrée!

Il y a une autre chose que j'ai eu de la difficulté à comprendre. Vous mettez beaucoup d'argent et de temps pour le soin et l'esthétique de votre corps, qui de toute façon finira en poussière : chirurgie esthétique à prix d'or, de temps. Que de temps pour avoir un corps parfait! Le culte du corps, mais est-ce que vous prenez le même temps pour le soin de votre âme qui, elle, est éternelle ? Prenez le temps de prier et de méditer à chaque jour. Vous serez tellement plus heureux et épanouis.

Je veux maintenant m'adresser au Saint-Père, le successeur de Pierre. Tout d'abord, je veux le remercier de tout mon cœur, car il a un ministère très lourd. Il se doit d'être le gardien de mon message. Dans le monde actuel, certains aimeraient mieux que l'on supprime des pages de mon Évangile. À la télévision, certaines personnes prétendent que mon Église se situe trop à droite. Cela me fait sourire. Est-ce que se positionner pour la vie et la dignité de l'être humain est de droite ? N'oubliez jamais que le Bien restera toujours le Bien et le Mal, toujours le Mal, nonobstant l'époque et les modes.

Cher successeur de Pierre, Très Saint-Père, je veux d'abord te dire à quel point je t'aime. Je te répète ce que j'avais dit à Pierre : « Tu es Pierre et sur cette pierre, je bâtirai mon Église. Les portes de l'enfer ne prévaudront pas contre elle. » Sache que je suis et serai avec toi jusqu'à la fin des temps. N'aie pas peur de proclamer la Vérité que j'ai laissée à mon Église.

Tu seras persécuté, mais ça, tu le savais, car tous tes prédécesseurs l'ont été. Il est maintenant tellement difficile de faire le bien. Mais, sache que tu as toute ma confiance et tout mon Amour, et ce, pour l'éternité. Rappelle aux gens, mes amis, qu'ils ont tous un creux en forme de Dieu qui doit être rempli que par Moi.

Avant de quitter la Place Saint-Pierre, permets-moi de te serrer dans mes bras, je serai toujours avec toi. Bon courage! Je t'aime et surtout, n'aie pas peur. J'ai vaincu le monde!

Chers amis, avant de vous quitter, je veux vous redire: croyez en moi et vous serez heureux. Mon Père et moi, nous vous souhaitons de nous connaî-tre davantage. Par la prière et par le silence, nous pouvons nous rencontrer et vivre un vrai cœur-à-cœur. Je vous aime et avant de vous quitter, j'aime-rais vous redire mon amour profond pour chaque personne sur cette terre. Peu importe votre passé, l'important, c'est qu'à partir d'aujourd'hui, je vous offre une vie nouvelle, une vie en abondance. Je sais que tous les médias du monde entier sont ici. Par la télévision, je sais que toute la planète est présentement à l'écoute. Je vous laisse et je vous serre sur mon cœur en vous redisant: je vous aime pour toute l'éternité. À bientôt. Je vous prépare une place dans mon paradis où nous pourrons vivre ensemble pour toujours. Je vous quitte encore une fois, mais je vous fais totalement confiance. Si vous ne croyez pas en Moi, sachez que Moi je crois en vous.

Paix ! Joie !

Épilogue

Il y a déjà longtemps que ce livre germait dans mon cœur. Malheureusement le temps manquait. Mais à l'arrivée du 10ième anniversaire d'Évangélisation 2000, j'ai cru bon de me mettre au travail pour mener à bien ce nouveau volume.

Beaucoup de personnes me demandaient comment je voyais Jésus en 2005? Comment l'accueillerions-nous s'Il revenait parmi nous? À force d'y réfléchir est né ce volume qui, je l'espère, aura éveillé en vous un goût prononcé pour suivre Jésus plus que jamais.

À travers ce livre, j'ai voulu démontrer, que Jésus est toujours aussi proche de nous qu'Il l'était de ses disciples, il y a plus de deux milles ans. Il est l'Homme de tous les temps et Son message d'Amour et de pardon ne sera jamais dépassé.

N'hésitez surtout pas à prêter ce volume à ceux et à celles qui cherchent un sens à leur vie.

En terminant, j'espère de tout mon cœur que ce livre vous donnera le goût de lire les Évangiles.

Sylvain Charron

Achevé d'écrire
à Saint-Jacques de Compostelle
le 17 mai 2005.

Une histoire à suivre en chacun de nous.

Évangélisation 2000

C.P. 965
Succursale Place d'Armes,
Montréal (Québec) H2Y 3J4

Téléphone (Montréal et région) :
(514) 523-4433

Téléphone (extérieur de Montréal) :
1 888 811-9291

Heures de communication :
du lundi au vendredi de 9 heures à 16 heures

Internet :
www.evangelisation2000.org